Lingerie

Lingerie

Mitchel Gray

Mary Kennedy

Alle Rechte der deutschsprachigen
Ausgabe und Vertrieb
by
H. Vogel GmbH Verlagsbuchhandlung
Königsallee 13 u. 21/23
D-4000 Düsseldorf

Printed in Hong Kong
by South China Printing Co.

To all the ladies who taught me about ladies

"Knowledge and versatility go hand in hand,
so we shouldn't ever be afraid to use them."

LINGERIE. Unterwäsche. Mieder. Dessous.

Tugendwächter. Unterstützung des zarten Frauenkörpers. Festes Fundament für die wechselnden Launen der Mode. Erkennungszeichen für Wohlanständigkeit und Makellosigkeit, ohne Sicherheitsnadel, von höheren Töchtern für den Fall getragen, daß sie auf offener Straße von einem Bus überfahren werden. Oder doch etwas ganz anderes?

Für Ludwig XIV. war die Mode der Spiegel eines Zeitalters. Anatole France gibt ihm recht, wenn er sagt, daß ihm Mode mehr über die Welt verrät, als ein vielbändiges Werk der Sozialgeschichte. Kein Wort über Unterwäsche.

Schon immer haben Männer ihren sozialen Status durch die Wahl ihrer Kleidung demonstriert. Tierhäute bedeuteten Männlichkeit. Edle Stoffe bürgten für edle Abstammung, militärische Orden für Mut. Ein Maßanzug der Savile Row suggeriert immer noch unbegrenzte Zahlungsfähigkeit. Und bis vor kurzem hatte die Damenmode eine Doppelfunktion: sie kleidete nicht nur die Dame, sondern hob auch das Ansehen des zahlenden Kavaliers.

Während die Kleidermode dazu herhalten mußte, den Eindruck von Wohlanständigkeit und Distanziertheit zu erwecken, wurden Unterkleider und Mieder – nur wenigen privilegierten Blicken zugänglich – schon früh zur besonderen Akzentuierung weiblicher Reize eingesetzt. Üppiger Busen in schneeweißem Leibchen, Wespentaille und verführerisch rundes Hinterteil entsprachen ganz der erotischen Phantasie des Mannes um 1900.

Daß Unterwäsche erotisch wirkt, ist eine Binsenweisheit. Bis ins 19. Jahrhundert war es für eine Dame der Gesellschaft undenkbar, Unterhosen zu tragen. Sie galten als obzön. Das 20. Jahrhundert wurde immer dann von Erschütterungen heimgesucht, wenn die Damen wieder einmal auf ein Stück Unterwäsche mehr verzichteten. Ein Aufschrei der Entrüstung, von Kanzeln und aus Elternhäusern, hallte durch die 10er, 20er und 60er Jahre.

Um die Mitte des 19. Jahrhunderts erschien Godey's Lady's Book und hier wurde Unterwäsche erstmals beim Namen genannt. Mr. Godey benutzte hierfür das Wort 'lingerie', das, aus dem französischen stammend, Leintuch bedeutet. Studenten des Lateinischen mit Ovidischem Einschlag würden vielleicht das lateinische Wort 'lingere' – lecken – geeigneter finden. Denn der Begriff 'lingerie' hat schon immer die Vision von Luxus und Sinnlichkeit hervorgerufen, eine Bedeutung die Mr. Godey sicherlich schockiert hätte.

Die Geschichte der Unterwäsche im 20. Jahrhundert ist, unabhängig von ihrer erotischen Bedeutung, ein Spiegelbild der Entwicklung der modernen Frau, unterworfen noch um 1900, befreit und emanzipiert in den 80er Jahren. In der ständigen Veränderung, Verfeinerung und Wiederentdeckung der Unterwäsche klärte sich das neue sexuelle Selbstverständnis der Frau.

Ob sich wirklich alles so grundsätzlich geändert hat, sei dahingestellt. Aber die Zeiten, da von der Braut erwartet wurde, mit geschlossenen Augen und hehren Gedanken ans Vaterland im Herzen die Hochzeitsnacht über sich ergehen zu lassen, sind vorbei. Viktorianische Romane unterdrückten Gefühle der Leidenschaft und erschöpften sich in erstarrter Etikette. Tagebücher der gleichen Zeit enthüllen dagegen das unaussprechliche Vergnügen, einer Frau beim Öffnen ihres Korsetts zuzusehen, zu beobachten, wie sie sich ihrer schwarzen Seidenstrümpfe entledigt und sich aus ihren jungfräulichen Unterröcken herausschält.

Gegenstand dieses Buches ist Unterwäsche – 'lingerie', das ehemals unaussprechliche Zeichen weiblicher Erotik. Mitchel Gray dokumentiert in seinen Aufnahmen, wie Frauen durch die Wahl ihrer Wäsche ihr körperliches Selbstverständnis ausdrücken. Mit Witz und Phantasie zeigt Gray das intime Spiel des weiblichen Körpers in einer Auswahl typischer Sequenzen aus der Modegeschichte des 20. Jahrhunderts.

1900

Trotz aller Feuerwerke und Glocken, die das neue Jahrhundert einläuteten, begann das Jahr 1900 mit einem Katzenjammer. Die modebewußte Dame hatte beim Ankleiden am ersten Januartag kaum Anlaß zu lächeln. Da stand sie vor ihrem Spiegel wie Gott sie geschaffen hatte und war nach den Maßstäben der Gesellschaft ein hoffnungsloser Fall. Unterstützt von ihrer Zofe begann sie mit der Toilette. Zuerst kam das Hemd, dann ein Fischbeinkorsett, dann das geduldige Warten, wenn die Zofe das anstrengende und schmerzhafte Schnüren des Korsetts begann. Darüber zog man ein Leibchen, weit geschnittene Unterhosen und mehrere Unterröcke; der letzte aus Taft mit Rüschenbesatz. Lange schwarze Seidenstrümpfe wurden an Strumpfbändern befestigt, die an ihren Oberschenkeln herabhingen. Bevor sie dann endlich ihr Kleid anzog, hatte sie erneut über Gott und Natur gesiegt. Im Spiegel konnte sie das weibliche Idealbild erkennen: ein grandioser Busen, Wespentaille und ein wohlgerundetes Hinterteil. Daß sie kaum mehr atmen konnte, wurde erst garnicht erwähnt. Und wenn sie ohnmächtig wurde, war das männliche Vorurteil bestätigt, daß Frauen von einer zerbrechlichen Zartheit seien. Niemand kam auf die Idee, die Ohnmacht der Tatsache zuzuschreiben, daß ihre inneren Organe in einem bedrohlichen Grad zusammengeschnürt waren.

Die geschwungene Silhouette aus zusammengeschnürtem Busen und Po war Sinnbild für die Unbeweglichkeit der Frau. Mit grotesk verbogener Wirbelsäule konnte sie kaum noch gerade stehen. Das Ritual des An- und Auskleidens war so kompliziert, daß die Unterwäsche als bester Schutz gegen vor- und außereheliche Affären angesehen wurde. Aber ach, Affären gab es doch, zum Leidwesen scheintoter Hanreihe und verhinderter Anstandsdamen. Vielleicht nicht einmal trotz, sondern gerade wegen der so gearteten Unterwäsche. Jeder Moralist oder Märtyrer wird bestätigen, daß körperliche Züchtigungen sexuell stimulieren können.

Die so modegemäß hochgeschnürten Damen konnten am üppigen Abendessen mit 10 Gängen nur nippen. Deshalb kleideten sie sich am Nachmittag in weit fließende Wickelkleider aus 'Crepe de Chine' über spitzenbesetzten 'matinees', einer Brustbedeckung, die vorne einfach mit dünnen Schnüren geschlossen wurde. Ehegatten, die ihre Nachmittage damit verbrachten, Stahlwerke und Eisenbahnen zu kaufen, finanzierten die Hauskleidung aus Paris, besonders die kleinen, asymmetrisch geschnittenen Nachmittagskleider von Vionnet, farbig wie Petit Fours. Kaum nötig zu erwähnen, daß der Herrenbesuch an diesen langen, trägen Nachmittagen nicht nur zum Tee kam.

Hinter der Gründerzeit-Fassade brodelte es jedoch. Mrs. Patrick Campbell rauchte öffentlich im steifen Plaza Hotel und blieb unbehelligt. Isadora Duncans Tanztruppe zeigte ihre Show in England in lockeren, dünnen Gewändern mit entblößten Beinen und Bubikopf. Bei der Hingabe an die neueste Leidenschaft, den Sport, fühlten sich die Damen durch ihre Unterkleider beengt. Die Melodien des Ragtime zwangen die gequälten Hüften, sich im verführerischen Rhythmus zu bewegen. Inspiriert von der Sinnesfülle des Russischen Balletts präsentierte Paul Poiret im Jahre 1909 eine spektakuläre Modekollektion. Seine Kleider waren Gestalt gewordene erotische Träume. Er hatte einen Büstenhalter erfunden, der die Brüste nach oben schob und dabei – erstmals seit Jahrzehnten – von einander trennte. Die größte Revolution: er schaffte das Korsett ab – und das in einem Land, das jährlich davon nicht weniger als 50 Millionen Stück herstellte.

Das war das Ende der viktorianischen Sexualmoral. Die Männer zitterten – ob in Erwartung dessen was kommen sollte oder aus Angst – ist nicht überliefert. Mütter waren entsetzt. Priester predigten bis zur Heiserkeit. Aber die Frauen lächelten nur wissend, als sie die Fesseln der Vergangenheit auf staubigen Dachböden vergruben.

Baumwollenes Nachmittagskleid um 1900.
(Model: Jane Lee Salmons)

Unterkleid aus Baumwolle mit Spitzeneinsätzen und lange wollene Strümpfe aus der Zeit um 1900.
(Models: Lisanne Falk und Ricky Feinstein)

Nachthemd der Jahrhundertwende mit Häkelbesatz.
(Model: Mia Nygren)

Vorhergehende Doppelseite:
Baumwollenes Unterkleid und Schlüpfer der Jahrhundertwende, beide mit Spitzeneinsätzen.
(Models: Carol Francis und Marc Renard)

Diese Seite:
Unterkleider und Schlüpfer um 1900.
Baumwolle mit Spitze.
(Models: Lisanne Falk und Karin Phillips)

Bestickter Schlafrock aus Baumwolle mit Spitzeneinsätzen und baumwollener Spitzenunterrock. Um 1900.
(Model: Pam Perkins)

1910

Während dieser letzten friedlichen Zeit vor dem ersten Weltkrieg wirkten Mode, Kultur, Sport und Geschichte ungewollt zusammen und schufen ein neues Frauenbild. Zur Krönung von Georg V. rückten die Beine der Frau in den Mittelpunkt des Interesses. Damen, echte Damen, Fürstinnen, Gräfinnen und Baronessen, erschienen in Seidenstrümpfen, verschwenderisch mit opulenten, stilisierten Blumen bestickt. Und diesmal waren diese traumhaften Beine nicht mehr unter Massen von Unterröcken vergraben. Der Rock war kürzer und zeigte die Knöchel. Poirets Humpelrock, der ursprünglich die Bewegungsfreiheit einengte, wurde kürzer und war vorne fast bis zum Knie geschlitzt! Nun, da mehr als nur eine Handbreit Strumpf zu sehen war, fiel das Tabu entblöster Beine. Seidenbedeckte Knie erregten die erotische Phantasie. Das Korsett wurde aus weichem Trikot, merzerisiertem Batist oder Seidenbrokat hergestellt. Aber obgleich kein Fischbein mehr eingesetzt wurde, war es lang, zu lang für weite Beinbewegung. Unterröcke wurden durch einteilige, leicht ausgestellte Unterhosen ersetzt und Büstenhalter bekamen kleine Reihen von Rüschen, die eine Illusion dessen hervorrufen sollten, was die Natur verweigert hatte, freiwillig zu geben.

1911 brach der Tango auf die nördliche Halbkugel mit so unverhohlener Sinnlichkeit herein, daß einige Gemeinden ihn sofort verboten. Zu Spät! Die Schranken der alten Tabus wurden überall durchbrochen. Auf einigen Tango-Parties tanzten junge Frauen sogar nur in Unterwäsche. Ein sehr zutreffendes Bild der Situation wurde durch eine weit verbreitete Korsett-Anzeige aus dieser Zeit gegeben, die eine junge Dame zeigte, die, gefangen in ihrem Fischbein-Korsett auf einer Steinbank sitzend, hinter ihrem Kavalier herblickt, der mit einer graziösen jungen Frau, die offensichtlich auf altmodische Unterwäsche verzichtet hatte, in die Nacht entflieht. Der beliebteste Tanz war 1914 'Ballin' the Jack'. Man konnte ihn einfach nicht mit Korsett und Hüftgürtel tanzen.

Ein's war klar: in einem Leben voll Liebe, Freude und exotischer Romanzen, hatte beengende Unterwäsche keinen Platz mehr. Körperliche Aktivitäten waren plötzlich sexy. Tennis, Fahrradfahren, Reiten und Schwimmen machten ungehinderte körperliche Bewegung notwendig. Unterwäsche mußte federleicht und aus synthetischen Stoffen sein. Aber da kam der Krieg und schnell verflog die ganze Frivolität der Mode.

Frauen verließen Heim und Herd, um sich zu den Freiwilligen zu melden. Dienstboten fanden, daß Fabrikarbeit aufregender und einträglicher war als Betten machen und Tee servieren. Die Bewegung 'Frauen hinaus in die Welt der Maschinen und Zweckmäßigkeiten' verbannte die Unterwäsche, die noch wenige Monate zuvor so leicht und frei erschienen war. 1918 zieht die Mode nach, Rocksäume klettern zu schwindelerregenden Höhen bis knapp unterhalb des Knies.

Bei Friedensschluß paßte die gesamte Unterwäsche in einen kleinen Briefumschlag. Ein dünnes Band hielt die Brüste. Flotte, seidene Schlupfhosen und fleischfarbene Strümpfe komplettierten die Garderobe für ein Wochenende auf dem Land.

Auch im Schlafzimmer sah alles ganz anders aus. Das süße Nachtgewand und das diaboloförmig geschnittene Hauskleid wurden in den hintersten Winkel des Kleiderschrankes verbannt. Pyjamas im Partner-Look, aus feiner Seide gearbeitet, ließen die Körperformen zur Geltung kommen. Hochhackige Pantoletten veränderten das Gehgefühl im Schlafzimmer. Und erstmals wurde die männliche Libido durch den Anblick von Frauenkörpern in Männerkleidung angeregt. Die Kunst, seidene Pyjama-Oberteile aufzuknöpfen, gehörte zum notwendigen know-how für jeden jungen Mann, der etwas auf sich hielt.

Frauen aber wollten mehr als nur Männerwünsche auf sich ziehen. Sie wollten die mit der neuen Mode verbundene Freiheit. Hüften und Brüste begannen zu verschwinden. Es entstand eine schlanke Silhouette. Zu einem gewissen Grade war es eine Abwendung von der Frau als Lust-Objekt. Jedenfalls war es ihr gleichgültig, Objekt der Anbetung oder Unterwerfung zu sein. Sie wollte Lebensgenuß. Mary Pickford war passeé. Clara Bow war in!

Besticktes Unterkleid und Schlüpfer, Baumwolle, mit eingesetzten Spitzen und Borten. Über dem Bügel: Ein Nachthemd in gleicher Ausstattung.
(Model: Mia Nygren)

Vorhergehende Doppelseite:
Weißes Nachthemd aus der Zeit um 1918.
(Model: Karin Phillips)

Diese Seite und gegenüber:
Baumwoll-Korsett und 'Teddy', lange, mit Strumpfband gehaltene Strümpfe. 1910.
(Models: Janet Dailey und Barry Secular)

Schwarzes Spitzenunterkleid, Seidentaft-Rock mit Raff-Saum (ca. 1885) und Frisier-Cape aus schwarzer Spitze um 1910.
(Model: Clare Klarin)

1920

Der lebenshungrige Wirbel der 20er Jahre befreite die Frauen von den letzten Spuren viktorianischer Prüderie.

Wilde, ausgelassene Mädchen in gerade geschnittenen Kleidern mit Troddeln quietschten 'Oh Baby' und tanzten bis zur Erschöpfung. Der Film brachte dann den Backfisch, dessen Unterwäsche aus einem bequemen Schlüpfer und einem Band – ein jungenhafter Büstenhalter – bestand, das tatsächlich den Busen verschwinden ließ. Die armen Hinterwäldlerinnen, die den neuen plattmachenden Büstenhalter nicht bekommen konnten, schnürten ihre Busen in breite Bänder, um die gleiche Wirkung zu erzielen. 'Slip-On-Gürtel' ließen Hüften und Po fast verschwinden. Wagemutigere griffen nur zu koketten, kleinen Höschen und fleischfarbenen Strümpfen, die bis zum Knie gerollt wurden.

Freud, der zwar nichts mit Unterwäsche zu tun hatte, veränderte doch erheblich die Einstellung dazu. Endloses Gerede über Libido, Repressionen, Komplexe und die Bedeutung der Träume bei wilden nächtlichen Autofahrten und heimlich genossenem geschmuggeltem Whiskey führte zu der Erkenntnis, daß Sex an sich eine gute Sache sei. Dies zerstörte endgültig das Bild der nicht-sinnlichen Frau. Jetzt konnte Unterwäsche und fast alles andere, was Frauen trugen, blitzschnell ausgezogen und ebenso schnell wieder angezogen werden.

Aber es war nicht alles nur fröhliche Ausgelassenheit. Am Horizont erschien ein neues Wesen, mit dem die Frauen zu wetteifern suchten. Der Vamp als Gestalt gewordener Sex. Sein unergründlicher Blick versprach Extase. Seine gelangweilte Miene reizte die Männer. Dies war keine Frau, die ihren Kopf oder ihr Herz an die Liebe verlor. Sie gierte nach Luxus. Die Wäsche wurde verschwenderisch. Tugend schien für ihre Trägerinnen ein unbekanntes Wort zu sein. Nachthemden mit Alenconspitze besetzt, wirkten auf den ersten Blick einfach, beinahe bescheiden. Bei näherem Hinsehen war das Hemd völlig durchsichtig. Negligées wurden atemberaubende Verpackungen für ganz der Lust hingegebene Körper. Die zunehmende Verbreitung von Crepe de Chine, Satin und schattenfarbigem Chiffon war ein Zeichen für die grundlegende, neue Einstellung zu Sex und Erotik. Der Charleston trieb diese Modeentwicklung noch weiter. Der verführerisch getragene Hüftgürtel und das schlüpfrige, kleine Strumpfband, waren nur dazu da, ausgezogen zu werden. Der Anblick nackter Oberschenkel über kühlen Seidenstrümpfen brachte die Männerwelt zur Raserei. Die Erregung der Sinne beim 'Hesitation Waltz', der ganz eng und ohne Korsett getanzt wurde, konnte auch durch Alkohol nicht mehr betäubt werden. Anstandsdamen beobachteten die Tänzer, glücklicherweise ohne zu ahnen, was sich in den Umkleideräumen abspielte.

Die bürgerliche Gesellschaft war so besorgt darüber, wie wenig die jungen Frauen trugen, daß in verschiedenen Legislaturperioden Gesetze eingebracht wurden, um eine weitere Entblößung des Körpers zu verhindern. Durch eine neue Gesetzesvorlage in Ohio sollte es sogar bestraft werden, auch nur irgendetwas zu verkaufen, das die weibliche Figur betonte. Die Verabschiedung dieses Gestzes hätte die Wäscheindustrie in einer Woche ruiniert.

Aber die Jugend kümmerte sich nicht darum. Die Frauen hatten gerade angefangen, ihre Körper zu genießen und dachten gar nicht daran, zu den hochgeschlossenen und lang wallenden Verrücktheiten der Vergangenheit zurückzukehren. Im Gegenteil!

Die Kleider wurden im Rücken ausgeschnittener. Asymmetrisch geschnittene Stoffe umspielten die Hüften so sinnlich wie Schlangenhaut. In den Waschräumen der Clubs, großer Warenhäuser und sogar der Oberschulen wurde hinter vorgehaltener Hand über die neuesten, verführerischen Designs der Wäscheindustrie gesprochen. Die Werbung propagierte: 'What nature has forgotten, we fill it with cotton!'

Nach einem Jahrzehnt jungenhafter Figuren wurde die Üppigkeit und Fülle neu entdeckt.

Die Stunde der Schönheitsprothesen hatte geschlagen.

Perlenbesetztes Seidengewand.
(Model: Margrit Rammé)

Vorhergehende Doppelseite:
Chinesische Seidengewänder und seidene Pyjamahosen.
(Models: Sarita, Carmen Saavedra, Margit Rammé, Lisa-Jean)

Diese Seite:
Edle Stoffe der Boudoirs: Seidenchiffon, Spitzen und perlenbestickte Bänder.
(Models: Julie McClay und Lisa Vautin)

Blau-weißer 'nightie' aus Seide und chinesischer Seidenpyjama.
(Models: Nickey Winders und Bill Masi)

Teddy – Strümpfe aus Seide und Spitze.
(Models: Nickey Winders und Paul Palmero)

Gegenüberliegende Seite:
Teddy aus schwarzem Seidenchiffon.
(Models: Margrit Rammé und Lisa-Jean)

Diese Seite:
Weißes Seidenhöschen und perlenbesetztes Seidenkleid.
(Models: Leslie Klatt und Eric Boer)

Metallischer Stirnreif und schwarze, mit goldfarbenen Fasern durchwirkte Schärpe.
(Models: Nickey Winders und Beto Brasil)

1930

Die bedrohlichen Wolken des großen Wirtschaftskrachs von 1929 warfen ihre Schatten noch bis in das folgende Jahrzehnt. Aber nicht alle hatten durch den Schwarzen Freitag verloren oder waren gar bettelarm geworden, und die Mode konnte sich ungehindert, fast stürmisch weiter entwicklen. In bisher unbekanntem Maße wurde Kleidung auch für besondere Anlässe kreiert: Tageskleider, Abendkleider, Sportkleidung, Reisekostüme, das 'Kleine Schwarze' und die große Abendgarderobe – um nur einiges zu nennen.

Der jungenhafte Typ der 'Golden Twenties' – mit Bubikopf und ohne Busen – war endgültig nicht mehr gefragt. Die Weiblichkeit wurde wieder entdeckt, wie man an den wohl berühmtesten Protagonistinnen der Epoche deutlich erkennen kann. Mae Wests und Jean Harlows Luxusleiber entfachten ein neues Interesse: Üppige Busen, schlanke Taillen und wohlgerundete Hüften galten wieder uneingeschränkt als sexy. Damit begann die eigentliche Blütezeit der 'Lingerie', denn kaum eine Frau konnte auf die formende Hilfe der Miederwaren bei dem Versuch verzichten, dem öffentlich propagierten Idealbild zu entsprechen.

Korsetts wurden jetzt aus der dehnbaren Wunderfaser Lastex hergestellt und ein praktischer, unauffällig eingearbeiteter Reißverschluß ermöglichte es, auch den weniger ideal geformten Körper an den Hollywood-Standard anzugleichen. Dabei waren diese neuen Mieder nicht einmal besonders einengend und erfüllten hervorragend die Anforderungen der neuen, kurvenbetonten Mode: die Taille wurde eng zusammengehalten, während gleichzeitig der Busen angehoben und betont wurde. Strapshöschen aus Lastex saßen wie eine zweite Haut unter locker fallenden Hosen. Asymmetrisch geschnittene Abendroben verhalfen fast jeder Frau zu der Illusion, eine zweite Jean Harlow zu sein, wenn auch dieses blonde Idol der Ära gerade solche Gewänder nicht trug: Die für sie zugeschnittenen Kleider wurden ihr im Stehen buchstäblich auf den Leib genäht und waren mehr als eindeutig. Alle Männer starrten gebannt auf die mit jedem Schritt schwingenden Pobacken.

Die Kleidermode der 30er Jahre war zwar wieder etwas länger und zeigte also weniger Bein, dies aber mit einer neuen Raffinesse: fleischfarbene, durchscheinende Strümpfe aus Rayon lenkten die Blicke zu schmalen, spitzen Schuhen und versprachen nicht weniger Freude an dem ewig jungen Spiel der Verführungskunst.

Die Rolle der Frau in der Gesellschaft hatte derweil eine gänzlich andere Entwicklung genommen. Sie war in traditionell männliche Domänen eingebrochen: Literatur, Journalismus und Naturwissenschaften. Trotzdem zeigen uns die Spielfilme jener Zeit, die für die Durchschnittsfrau eine der Hauptinformationsquellen waren, daß 'Sexiness' und Erotik unvermindert als vorrangige Themen propagiert wurden. Allerdings gab es zwei Arten von Sexiness. Der Pyjama der Männer wurde geteilt und diente beiden; er behielt die Hosen, und die Jacken erhielt ein Typ Frau, der gleichermaßen burschikos und zärtlich, praktisch und kindlich verspielt, Geliebte und freundschaftlicher Partner war. Der andere Frauentyp entsprach eher einer Mischung aus Heimchen-am-Herd und Vamp. Diese Frau trug verführerische Negligées, die weitaus mehr enthüllten als sie verbargen, gefertigt aus hauchfeinem, rauchfarbenem Voile mit raffinierten Gold- und Silberlamés, schwarzer Seide und blaßrosafarbenem Satin: erotisierender als bloße Nacktheit.

Trägerlose Kleider mit eingearbeiteten Korsagen betonten die Figur noch mehr. Und an der Riviera sah man gestrickte Badeanzüge, rückenfrei bis zum Po, in denen die 20-30 Jährigen im Vergleich zu ihren Müttern geradezu nackt wirkten. Manche Modeschöpfer sahen darin eine schreckliche Bedrohung. In der Hoffnung auf die Wiederherstellbarkeit eines viktorianischen Friedens an der Modefront versuchten sie, Fischbeinkorsett, Krinolinen und Spitzenunterröcke, die unter Ballerinakleidchen hervorwippten, zu reaktivieren. Vergebens. Die Schreckensjahre des zweiten Weltkrieges mußten erst vergehen, bevor Frauen wieder bereit waren, sich um der lieben Mode willen in Hüfthalter und Korsagen zu zwängen.

Die 30er Jahre endeten in einem immer schneller werdenden Taumel der Ausgelassenheit; man tanzte, lachte und küßte sich – bis zur Götterdämmerung des großen Krieges.

Asymmetrisch geschnittenes Kleid aus blaß-rosa farbenem Satin.
(Models: Cherie Chung und Chad Deal)

Oben:
Büstenhalter aus Seidensatin und seidenes 'Step'-Höschen, 'Boxershort'.
Unten:
Jacquard-Morgenrock.
(Models: Lisa Cooper und David Heller, Franziska Carrara)

Peignoir. Französisches Gewand für die Morgentoilette aus Seidenchiffon.
(Model: Inger Hammer)

Pfirsichfarbene Strümpfe aus 'crepe de chine'.
(Model: Pia Sorensen)

Vorhergehende Seite:
Langes, schulterfreies Kleid in asymmetrischem Schnitt mit Kragenverschluß.
(Model: Erika de Kobal)

Schwarzes Seidenkleid in zeittypischer Asymmetrie, Strümpfe aus seidenem 'crepe de chine', seidenes 'Step'-Höschen und Spitzenhöschen.
(Models: Lisa Cooper und Franziska Carrara)

Der zweite Weltkrieg bedeutete wie für viele andere Gebiete auch für die Mode eine jähe Unterbrechung ihrer Entwicklung. Der Dessous- und Miederfertigung standen plötzlich ihre Roh-Stoffe einschließlich der neuen synthetischen Fasern nicht mehr zur Verfügung. Stattdessen wurden die damit gewonnenen Erfahrungen umgesetzt für Entwicklung und Herstellung von kriegswichtigem Material wie Fallschirme und Schwimmwesten. Die Frauen waren nun gezwungen, mit den Vorkriegsmodellen auszukommen oder dann und wann ein 'Ersatzteil' auf dem schnell aufblühenden Schwarzmarkt zu ergattern.

Da die meisten Männer eingezogen waren, verlor die häusliche Erotik rasch an Bedeutung und folglich sank auch die Nachfrage nach reizvoller Verpackung. Nicht so an der Front: Obwohl die 40er Jahre eine Zeit der Knappheit und Bewirtschaftung waren, wurde sehr bald als Ersatz für die männlichen Bedürfnisse das moderne Pin-Up-Girl erfunden. In den Bildern von Betty Gable im rückenfreien Badeanzug mit schelmisch-aufforderndem Blick über die Schulter bis hin zu Photos von Rita Hayworth im schillernden Satinnachtgewand wurde die Frau als erotische Verführerin konserviert – eine patriotische Geste zur Erhaltung der Kampfmoral. Rosy, Cindy oder wie die zu Hause gebliebenen Frauen geheißen haben mögen, standen derweil in Einheits-Blaumännern an den Maschinen und hätten ein Königreich für ein Paar echte 'Nylons' gegeben.

Der durch den Krieg verursachte unfreiwillige Verzicht auf all die kleinen Nettigkeiten, die das Leben angenehm machen, ließ einen enormen Nachholbedarf entstehen. Ein Run auf die typisch weiblichen Modeutensilien brach los und stolz wurden wieder Busen, Taille und Hüfte gezeigt.

Dior hatte die unterdrückten Wünsche und Sehnsüchte erkannt und mit seinem 'New Look' von 1947 die möglicherweise femininste Mode schlechthin geschaffen. Erstaunlicherweise waren die Frauen bereit, nach Jahren relativer Zwanglosigkeit sich wieder in Korsetts zu zwängen und mit Unterröcken zu behängen. Gelegentlich wurde vermutet, diese Rückbesinnung der Mode könne dazu führen, daß die Frauen sich auch ihrer traditionellen Rolle als Mutter erinnern würden. Aber aus welchem Grund auch immer: weit ausladende trägerlose BHs (den Prototyp soll Howard Hughes für Jane Russel in 'Outlaws' entworfen haben) verkauften sich wie von selbst. Das 'Sweater Girl', spitzer Busen im engen Pullover nach dem Vorbild Lana Turners, krönte bald jedes zweite Plakat und warb für alles, von der Zahnpasta bis zum Gartenzwerg.

Schmale, winzige Taillen wurden mit Hilfe eines neuen Korsetts mit Rückenverschluß, dem 'guepiere', erzielt und unterstützten das Bild vom zarten, zerbrechlichen und nicht belastbaren Geschöpf. Die Tatsache, daß fast in der ganzen Welt die Wirtschaft seit Kriegsbeginn nur durch eben diese zerbrechlichen Geschöpfe in Gang gehalten wurde, war verdrängt und vergessen. Verständlich, daß die Frauen es leid waren, die ganze Last der Verantwortung für die Heimat alleine zu tragen und sich danach sehnten, mal wieder verwöhnt und beschützt zu werden. Dior, der mit dem 'New Look' eben diesem Bedürfnis entgegenkam, hat zugegeben, daß er sich seine Inspiration bei der Mode unserer Urgroßmütter geholt hat. Die Wiederentdeckung und Hervorhebung der typisch weiblichen Attribute in der Mode, fülliger Busen, schlanke Taille, ausladende Hüften und runder Po, kombiniert mit Shorty und knappem Pyjama hatten ein unübersehbares Ergebnis: den Baby Boom.

Auch die Sport- und Freizeitkleidung wurde immer femininer, von den einen stürmisch begrüßt, von anderen heftig abgelehnt. Gussi Morans spitzenbesetzte Höschen, die unter ihrem kurzen Tennisdress hervorschauten, machten ihren hübschen Hintern zum meist fotografierten in der amerikanischen Geschichte und waren bekannt von New York bis San Francisco.

Es gab ihn zwar schon seit einiger Zeit, aber seinen Namen erhielt der Bikini erst 4 Tage nach der Atomexplosion über diesem Südsee-Atoll. Mit Ausnahme der großen Illustrierten übersah Amerika den Bikini zunächst, obwohl er an den Stränden der Cote d'Azur schon längst seinen Siegeszug angetreten hatte. So klein und winzig der Bikini auch erscheinen mochte, Mode ohne Stoff war noch undenkbar und der Weg zu Rudi Gernreich noch weit.

Knöchellanges, plissiertes und mit Perlen besetztes
Kleid, um 1945.
(Model: Kim Charlton)

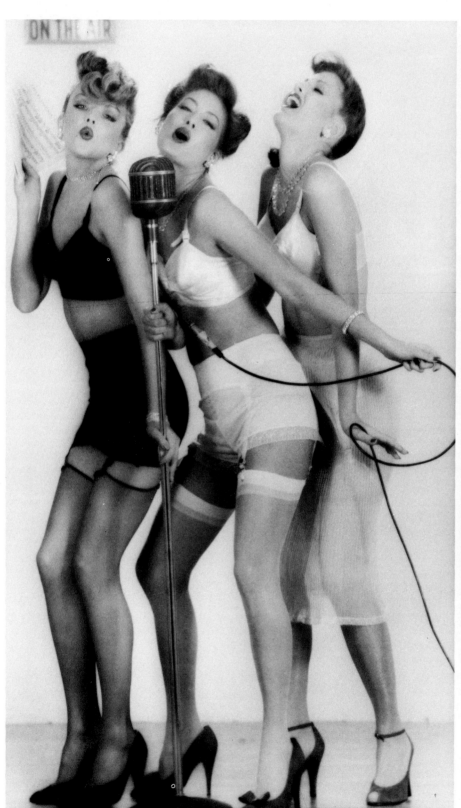

Satin-Büstenhalter in schwarz, weiß und rosa mit Nylon-Hüfthaltern und plissiertem Halbunterrock.
(Models: Sarita, Andrea Leonelli, Nancy Towles)

Gegenüberliegende Seite:
Schwarzer Long-line Büstenhalter aus Nylon und Strumpfhalter.
(Model: Julie McClay)

Diese Seite:
Weißer Long-line BH mit Strumpfhalter aus den 40er Jahren.
(Model: Bonnie Pfiefer)

Aus der gleichen Zeit: Unterkleider und -höschen aus Nylon.
(Models: Belinda Bauer und Sandy Harper)

Vorhergehende Seite:
Weißer Long-line BH aus Baumwolle und Strumpfhalter, ca. 1940.
(Model: Carol Francis)

1950

Auch wenn Nostalgie-Begeisterte behaupteten, die 50er Jahre seien umwerfend gewesen, läßt sich die Mode in diesen Jahren bestenfalls als bieder, unter Umständen gar als langweilig bezeichnen.

Zugegeben, es gab Rebellen, aber was sie wirklich wollten, war nur zu oft eine andere Art von Konformität.

Oberflächlich betrachtet ließen sich junge Leute streng säuberlich in zwei Kategorien einteilen: auf der einen Seite die 'bürgerlich Gebildeten', die heranwuchsen, um später den Durchschnittsmann der Mittelschicht zu heiraten, statistisch 3,2 Kinder zu bekommen, die dann später die Tanzschulen der sich ausdehnenden Vorstädte besuchten. Auf der anderen Seite waren da die Rocker, deren Weg unvermeidlich ins Gefängnis führen mußte.

Im Gegensatz zu der 'äußerlichen' Kleidung waren die Dessous Ausdruck für den Reichtum und Überfluß jener Tage. Diors 'New Look' behauptete sich weiter zu Beginn des Jahrzehnts und ermöglichte eine Fülle von herrlich sinnlicher Miederwäsche und extravaganter Strumpfmode.

1952 wurde ein Korselett mit dem Namen 'die lustige Witwe' kreiert, das aus bestickter Markisette gearbeitet war und dessen lange Satinstrumpfbänder recht deutlich ins Sichtfeld rückten, wenn die Tänzerin sich zu den Klängen des 'Cindy' herumwirbelte.

Die wirkliche Neuerung bei diesem Korsett lag in der Gestaltung des Büstenhalters, der nun fast nur noch als BH bezeichnet wurde. Das Körbchen war erheblich tiefer ausgeschnitten und ließ die obere Busenrundung unbedeckt. Durch geschicktes Wattieren unter den Brüsten verhalf dieser neue Büstenheber seiner Trägerin zu einem vollen, hohen Busen. Natürlich war er trägerlos, wie all die schaumstoffverstärkten Gebilde mit ihren herzförmigen Miedern. Versteifte Netzmaterialien und fischgrätartige Krinolinen vervollständigten diesen 'Diabolo Look'. Aber getragen wurde es – bedauerlicherweise – nicht nur unter Uniformen aller Art, sondern auch unter Schulkleidung und Kitteln.

Dessous – das bedeutete jedoch nicht nur Rundung und Prallheit. Fernab in ihrem Atelier kreierte Silvia Pedlar – in der Fachwelt als Iris bekannt – Lingerie mit Spaghetti-Trägern aus gerolltem Satin, Einlagen aus feinster Spitze, und zarte Höschen, die so aussahen, als lösten sie sich bei bloßer Berührung auf.

Nancy Melcher revolutionierte die Boudoirs mit ihren eng anliegenden, durchsichtigen und dauerplissierten Nachtgewändern aus Nylon. Diese waren zwar sexy, konnten aber trotzdem von den 'anständigen' jungen Mädchen getragen werden.

In Kalifornien dagegen war alles ganz anders: Morgenröcke, die bis zur Taille geschlitzt waren, BHs und Höschen oft in grellen Leopardenfell-Drucken, hatten geradezu strategisch plazierte Öffnungen, die nur dazu bestimmt waren, den Blick auf die erogenen Zonen zu lenken. Diese Gebilde waren zwar schockierend, aber sie hatten vor allem noch den Hauch von dem Glanz, der mit Hollywoods Stars verbunden war.

Erotik wurde zum öffentlichen Spektakel, wenn Marylin Monroe vor die Kamera trat. In dem Moment, als ihr Gesäß sich der Kamera zuwandte, war der Hüftgürtel dem Untergang geweiht; daran konnte kein Zweifel sein. Marilyn trug keinen Straps, und ihr Hinterteil war einfach hinreißend. Die Vorderpartie war in den frühen Tagen ihrer Karriere geradezu drahtverschnürt, ein Zugeständnis an den Horror des Zensors vor wippenden Brüsten.

Bald scherte sich keiner mehr um die Zensur. Natürlichkeit – im wahrsten Sinne verkörpert durch Sophia Loren und Silvana Mangano, spielte die affektiert wirkenden weiblichen Wesen mit ihren künstlichen Rundungen an die Wand.

Jersey-Stretch, den es schon seit einiger Zeit gegeben hatte, umkleidete plötzlich in allen Grundfarben die Beine der Modefans. Aber auch die eher konventionell eingestellte Frau machte einen Luftsprung, als sich der nahtlose Strupf den Markt eroberte. Das Zurechtrücken der Naht überließ man getrost den Großmüttern, die sich in nahtlosen Strümpfen halbnackt vorkamen.

Mit dem Hochrücken des Saums bis über die Kniescheibe gerieten die Beine wieder in den Blickpunkt. Aber ausgerechnet im steifen England, in einem kleinen Häuschen in Chelsea, zeichnete eine junge Modeschöpferin Figurinen mit kurzen, kürzeren und immer kürzeren Röcken. Und dann ...

Jersey-Kleid mit eingewebten Gummibändern,
die diese betonte Querfaltung hervorrufen.
(Model: Ann Marie Pohtamo)

Spitzenbesetztes Kleid aus Krepp und Satin.
(Model: Kristie Welsch)

Langes, bis zu den Hüften geschlitztes Trägerkleid in Leopardenfell-Muster.
Unten:
Schwarzer, gesteppter Hüfthalter aus elastischem Lycra.
(Models: Kristie Welsch und Deborah Frazier)

Gegenüberliegende Seite:
Schwarzer Büstenheber aus Spitze und schwarz-rosa Halbkrinoline mit Strumpfhalter.
(Model: Kristie Welsch)

Schwarzes Korselett mit Spitzeneinsatz.
(Model: Debbie Dickinson)

Diese Seite:
Tief dekolletiertes, eng plissiertes 'Baby Doll'.
(Model: Ann Marie Pohtamo)

Gegenüberliegende Seite:
'Bustier' mit eingelassener Spitze und Krinoline aus Seidentüll.
(Model: Carrie Pagano)

Kegelförmige Spitzbusen-BHs, spitzengeschmückte französische Büstenheber und Gymnastikanzug.
(Models: Sharon Simonaire, Stella Hall, Janet Dailey, Jean Marie)

1960

In den frühen 60er Jahren war der Wäscheschrank mit vertrauten Dingen gefüllt: Hüftgürtel, Miederhöschen, Strumpfbandgürtel, BHs und auch wohl Slips – alles recht ordentlich zwischen Lavendelbeuteln gestapelt. Und zunächst nahmen die neuen 'nackten', weil nahtlosen, Strümpfe nur wenig Platz weg. Über kurz oder lang aber sollte diese Wäscheschublade fast leer sein.

Statistisch gesehen wurde Amerika immer jünger, und das brachte die Dinge in Bewegung: 'Rip it down, take it off. Oh Wow! Let's have a Love-In. If you paint my body, I'll paint yours.' Jetzt schien sich die Mode über Nacht zu wandeln. Mit einem Mal hörte die Kleidung auf, geschlechtsspezifisch zu sein: Jungen mit Ohrringen – Mädchen mit militärischen Uniformen...

Oft war die Kleidung für beide austauschbar. Man trug sie beliebig, nur an verschiedenen Tagen.

Unterwäsche? Dessous? Leibwäsche? Klar! Das ist das, was meine Mutter trägt. Die Jugend sagte: Nein.

Der Verzicht auf Unterwäsche war gleichbedeutend mit Freiheit – sexuell wie physisch. Freiheit war das Schlagwort dieser Tage. Die eingearbeiteten BHs der Badeanzüge aus den späten 50ern konnten jetzt nur noch ein müdes Lächeln entlocken. Wieso überhaupt Badeanzüge? Ein BH? Ein Slip? Einfach lächerlich!

Selbst Modejournale verschwendeten keine kostbare Seite mehr an Dessous. Das Leben – ein Ball Paradox: Guerillagruppen, viktorianische Blumenmädchen, Neonamazonen, ein Farmer aus der Weltwirtschaftskrise und sein hübsches Pop-Art-Baby-Doll, das nur vom eigenen Haar umhüllt ist...

'Alles ist erlaubt' war die Devise – und das in extenso.

In den Miederabteilungen der Mode-Kaufhäuser lasen Verkäuferinnen und Abteilungsleiter heimlich die Stellenangebote der Zeitungen und spielten mit dem Gedanken, Computer-Programmierer zu werden! Was blieb angesichts des No-Bra-Looks noch zu verkaufen übrig? Brustwarzen, die waren 'in', weiß Gott. Der künstlich modellierte Körper war suspekt. Die großen Illustrierten zeigten die Jugend fast entblöst in halbgeöffneten Jeans, darunter nichts!

Allgegenwärtig waren Strumpfhosen in allen denkbaren Farben und Materialien, und das winzige Bikinihöschen darunter, war alles an Dessous; mehr brauchte ein Mädchen einfach nicht.

Während für jüngere, straffere Körper Nacktheit oder Quasi-Nacktheit ausreichte, schwenkte die konventionelle Frau auf Dessous um, die wieder mehr waren als nur praktisch. BHs waren so geschnitten, daß es aussah, als hätte man keinen an.

Die elastischen BHs erfüllten die Funktion des Büstenhebers aus den 50ern, allerdings in der Verpackung der Mentalität der 60er Jahre. Ein Kleidungsstück weniger anzuziehen – eines weniger zum Ausziehen. Jetzt ist Selbstdarstellung gleichbedeutend mit sexueller Entkrampftheit. Baumwollene Unterhosen waren nur etwas für Kinder.

'Itsy, bitsy, teeny weeny yellow polka dot bikinis' – Miniaturbikinis in wildem Design von Gold- oder Silberlamé bis hin zu Giraffendrucken bedeckten höchst dürftig die Hüften aller Frauen unter 40.

'Bodystockings', winzige Streifen durchsichtigen Nylons, spiegelten zwar vor, Unterbekleidung zu sein, ließen jedoch nichts zu rätseln übrig. Nachtgewänder trug man auf der Straße, keinesfalls im Bett! 1969 war alles Mode!

Allerdings begann sich ein Trend abzuzeichnen: Gelegentlich tauchte in den Entwürfen einiger weniger Designer, die sich von dem gesichtslosen Rummel der 60er Jahre abgestoßen fühlten, wieder ein Hauch von Luxus auf – fließender Chiffon und schmeichelnder Satin. Das war gleichbedeutend mit der Absage an die betonte Nacktheit dieses Jahrzehnts. Denn es schien beinahe, als sei die Erotik im Zuge der Modenivellierung auf der Strecke geblieben. Ein bißchen Phantasie konnte jetzt nicht schaden.

Jeans und Schwedenweste.
(Model: Kathleen Buse)

Rückenfreier BH und
Hüftgürtel (oben und rechts)
und NoBra-Korselett.
(unten)
(Model: Marguerite)

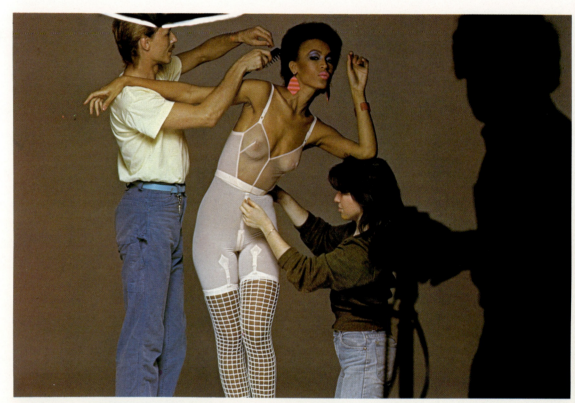

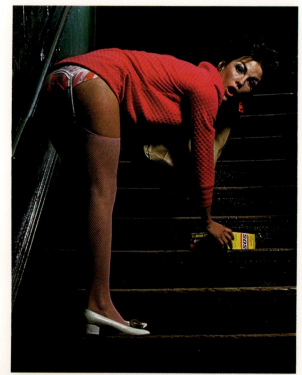

Nylonhöschen und -strümpfe (oben) und schwarzer Nylon-Netzanzug. (unten)
(Models: Kathleen Buse, Lauren Bakke)

(Oben) Bedruckter Nylon-Pyjama, (unten) Lederoberteil und Jeans-Shorts aus der Hippie-Ära.
(Models: Gary Carranza, Nickey Winders)

Gegenüberliegende Seite:
Mit Patchwork und Stickereien versehener Jeansrock und kurzes Baumwollhemdchen.

Diese und folgende Seiten:
Handbemalter Seidenkimono und Nylonhöschen.
(Models: Stephanie Deleng, Maggie Han)

Das gegen jegliche Konventionen gerichtete Lebensgefühl der 60er Jahre schlug in den 70er Jahren abrupt um. Plötzlich sahen durchsichtige Blusen, winzige Miniröcke, überhaupt die Fast-Nacktheit, die dieses Jahrzehnt bestimmt hatten, idiotisch aus. Zuerst fielen die Säume, zwar unter lautem Protest, aber die Ansichten der rebellischen Jugend änderten sich mit zunehmendem Alter. Die leichtfertige, zügellose Zur-Schau-Stellung von Konsum und Wohlleben endete im Zeitalter der Ökologie. Ölembargos, steigende Arbeitslosigkeit, galoppierende Inflation – das waren die ernsten Probleme dieses Jahrzehnts. Man merkte plötzlich, daß ja tatsächlich einer immer die Rechnung bezahlen mußte.

Die Wäscheindustrie entdeckte die alte Idee wieder, daß es das Geheimnisvolle, das Halbverborgene ist, das reizt. All die niedlichen Nackedeis, die das Bild der 60er Jahre geprägt hatten, verschwanden in den 70ern. Modeschöpfer, die sich in der Oberbekleidung einen Namen gemacht hatten, sahen jetzt eine Herausforderung in der Dessousgestaltung. Hier und da ein Büstenhalter, eine elastische, schlankmachende Unterhose (im Gegensatz zu Hüftgürteln) und Unterhosen in fünf verschiedenen Längen, brachten die Frauen dazu, wieder in die Wäscheabteilungen zu gehen, die jetzt wieder starken Zuspruch genossen. Hierfür gab es keinen praktischen Grund. Schlankheitskuren und Fitnesstraining waren die wichtigsten Themen der Modezeitungen. Ein trainierter und gebräunter Körper aber mußte nicht unterstützt werden. Der Sinn für den Bedarf nach Wäsche hatte sich geändert. Es würde Spaß machen, solche kleinen, durchsichtigen Nylons zu tragen ... und sexy für ihn würde es sein, sie auszuziehen.

Satinhöschen, gesäumt von maschinell hergestellter Spitze, federleichte Hemdchen, vorn schließende Büstenhalter sahen doch viel natürlicher und hübscher aus als nackte Brüste; und Strumpfbänder – all das erregte die erotische Phantasie. Aber dieses Mal die der Frauen.

Das Aufreizende eines halbbekleideten Körpers wurde unterstrichen durch neue, sinnliche Stoffe. Einer der super-modischen Läden erkannte den Trend zur Luxuswäsche. In seinem Katalog zeigte er Unterwäsche endlich ihrem Zweck entsprechend: als Objekte, die den erotischen Reiz erhöhen sollen. Nur das, und weiter nichts.

Durchsichtige Spitze versuchte nicht länger, Schamhaare durch raffinierte Muster unsichtbar zu machen. Sexuell emanzipierte Frauen, die aber auch verführerisch sein wollten, kauften hauteng, bis zum Oberschenkel geschlitzte Hosen, und figurformende Hosen mit Einlagen für zu flache Hinterteile. Die Erotik wuchs im Laufe der Jahre. Strümpfe mit Nähten und dünne, seidene Strumpfgürtel wurden nicht gekauft, weil sie praktisch waren. Das Bustier, ein Stangenkorsett, das als einziges Kleidungsstück oben getragen wurde, kam 1978 aus Paris nach Amerika und wurde sofort ein Renner in Diskotheken. Gymnastikanzüge, hautenge Hausanzüge und Großmutters Unterwäsche wurden als Abendkleider getragen. Im Diskofieber wurde Unterwäsche erstmals zur tragbaren Mode. Geschlitzte Röcke – der Unterwäsche abgeguckt – zeigten die Beine in einem neuen Licht: in erotischen Strümpfen. Die 'Vogue' zeigte auf einer ganzen Seite einen unglaublich erotischen Strumpf: über und über mit Diamanten besetzt und mit schwarzen Nähten.

Aber Erotik war nicht alles. Fitness, der neue Kult, dem hingebungsvoll gedient wurde, schuf neue, funktionsgerechte Unterwäsche. Zum Laufen, dem beliebtesten Sport der 70er Jahre gab es sportliche Büstenhalter, die den Busen unterstützten, gut atmeten und dies ohne irgendwelche Stangen, die einengten oder in die Haut schnitten. Die Wäsche zeigte sich jetzt in all ihrer Vielfalt: so praktisch wie nötig, so erotisch wie möglich.

Baumwollenes T-Shirt und Bikini-Unterteil.
(Model: Maaret Haalinen)

Rote und türkis-grüne Unterröcke und
Slips (links), Strümpfe-Slips und 'Boxershorts' aus Polyester-Satin. (unten)
(Models: Debbie Dickinson, Anne Adami,
Rita Tellone, Bitten)

Rein baumwollenes T-Shirt und Slip der 70er Jahre.
(Model: Maaret Halinen)

Bikinis mit Spaghettischnürchen und
-trägern.
(Models: Stella Hall, Jill Koscheck)

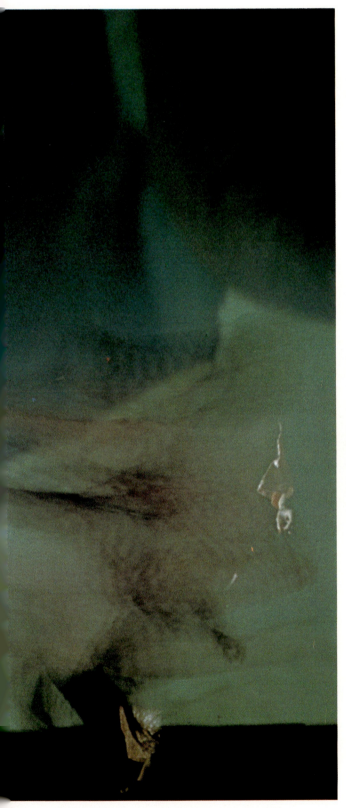
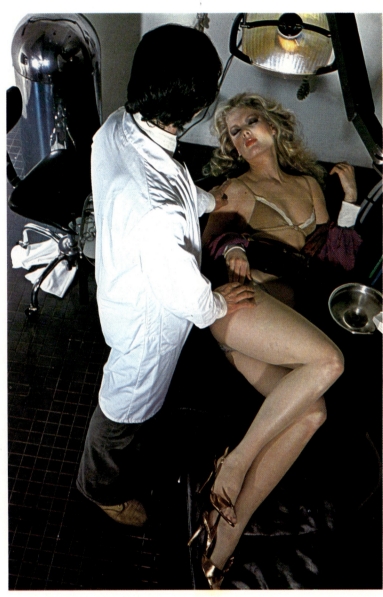

Schwarzer Spitzen-BH und Mini-Slip.
(Model: Carol Francis)

Mit einer einzigen Ausnahme, nämlich Diors 'New Look' von 1947, wollte die Mode des 20. Jahrhunderts den Körper befreien. Von sechs Unterröcken zu Anfang 1900 bis zum fast nackten Hinterteil im Jahr 1970 führte der Weg in nur eine Richtung: Weg damit!

Aber Nacktheit kann langweilig werden, und Frauen möchten beides, frei und begehrt sein.

Die Antwort auf Freuds Frage: 'Was möchten Frauen?' ist daher eindeutig: 'Alles' – Form und Funktion, Spaß und Frivolität.

Stellen wir uns die Zukunft vor:

– Winterwäsche aus aluminiumbeschichteten Stoffen, die 80% der Körperwärme speichern. (Jetzt bekannt von Rettungsanzügen.)

– Sommerwäsche aus dem Material von Raumanzügen (entwickelt von der NASA) könnte den Körper durch in dem Gewebe zirkulierendes Wasser kühlen.

– Durch unterschiedliche Stricktechniken bei Strumphosen könnten körperliche Mängel an Hüften, Oberschenkeln und Waden korrigiert werden.

– Flüssige, aufgesprühte Wäsche könnte stützen, ohne sicht- und fühlbar zu sein.

– Fachleute für Anatomie könnten Wäsche für harte und anstrengende Sportarten entwerfen.

Trotz des Bedarfes an seriöser, funktioneller Wäsche, ist es die verführerische, die Spaß macht und aufregt. Die Wäsche der 80er Jahre wird in erster Linie dem Träger und erst in zweiter Linie dem Betrachter gefallen. Satin und seidene Strumpfgürtel, Korselettchen in anrüchigem Lila und Seegrün, hochgeschlitzte, spitzenbesetzte Schlüpfer, Strumpfbänder aus rotem Satin, alles noch vor gar nicht langer Zeit unanständig, erleben eine Wiedergeburt. Und die Frauen, die sie kaufen, fühlen sich weder unterdrückt noch ausgeliefert.

Die Selbsteinschätzung der Frau bestimmt heute die Wahl ihrer Wäsche, nicht das Diktat eines fremden Modeschöpfers. Die Frauen werden sich an- oder auskleiden wegen ihres eigenen Wunsches nach sexueller Erfüllung, nicht wegen männlicher Begierden. Die 80er werden Jahre der eleganten, sexy, tragbaren Wäsche sein. Und in diesem Jahrzehnt – im Gegensatz zu den 30er Jahren, werden sich nicht nur einige wenige diese Wäsche leisten können.

Die Designer der 'Lingerie' haben erkannt, daß der Orgasmus seinen Ursprung in der Vorstellungswelt hat. So bestimmt das Bild einer Frau von sich selbst die Auswahl ihrer Kleidung – ein Spiegel ihrer erotischen Phantasie und der vielfältigen Aspekte der weiblichen Identität.

Ob Liebende oder Verführerin, Kurtisane oder Partner – alles was sie ist, ist sie aus sich selbst – und für den, den sie liebt.

Ballettanzüge (oben) und durchsichtiger, mit Luftblasen durchwirkter Plastikanzug (unten).
(Models: Maria Lindberg, Patt Oja)

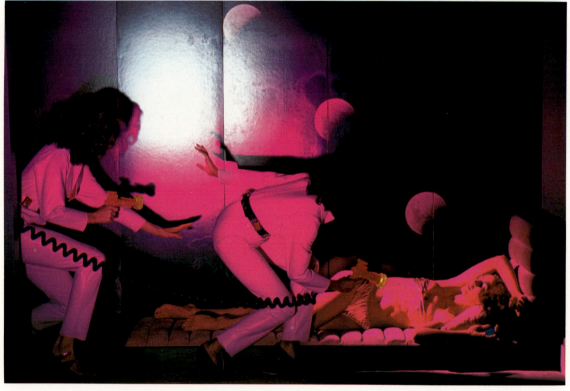